original story : Makoto Shinkai

art : Ranmaru Kotone

君の名は。
your name.

目次
contents

君の名は。
your name.

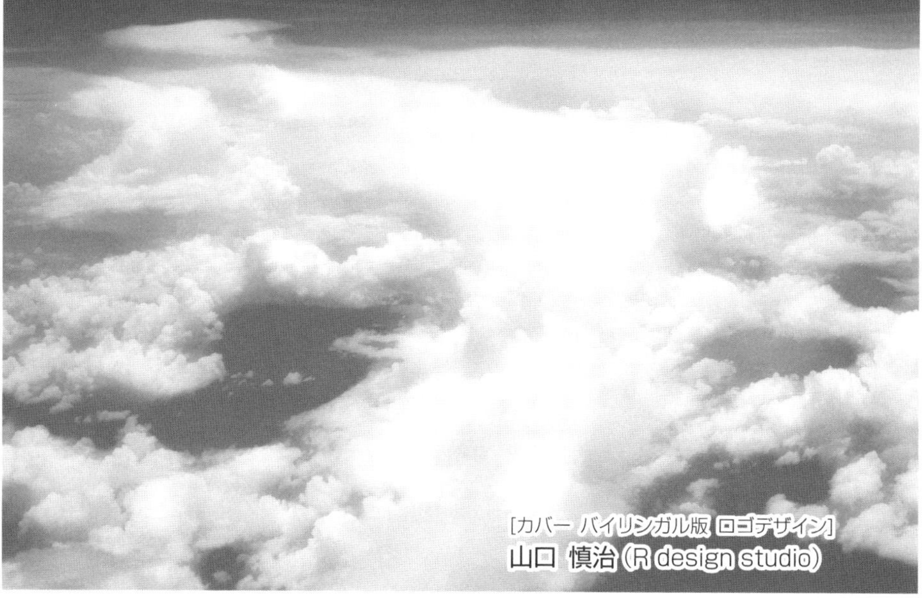

[カバー バイリンガル版 ロゴデザイン]
山口 慎治（R design studio）

ピピピピッ
チチ…
When I wake up in the morning…
…I'm crying.

朝
目がさめると

泣いている

起きたら忘れてしまっていて
でも何か…欠けている

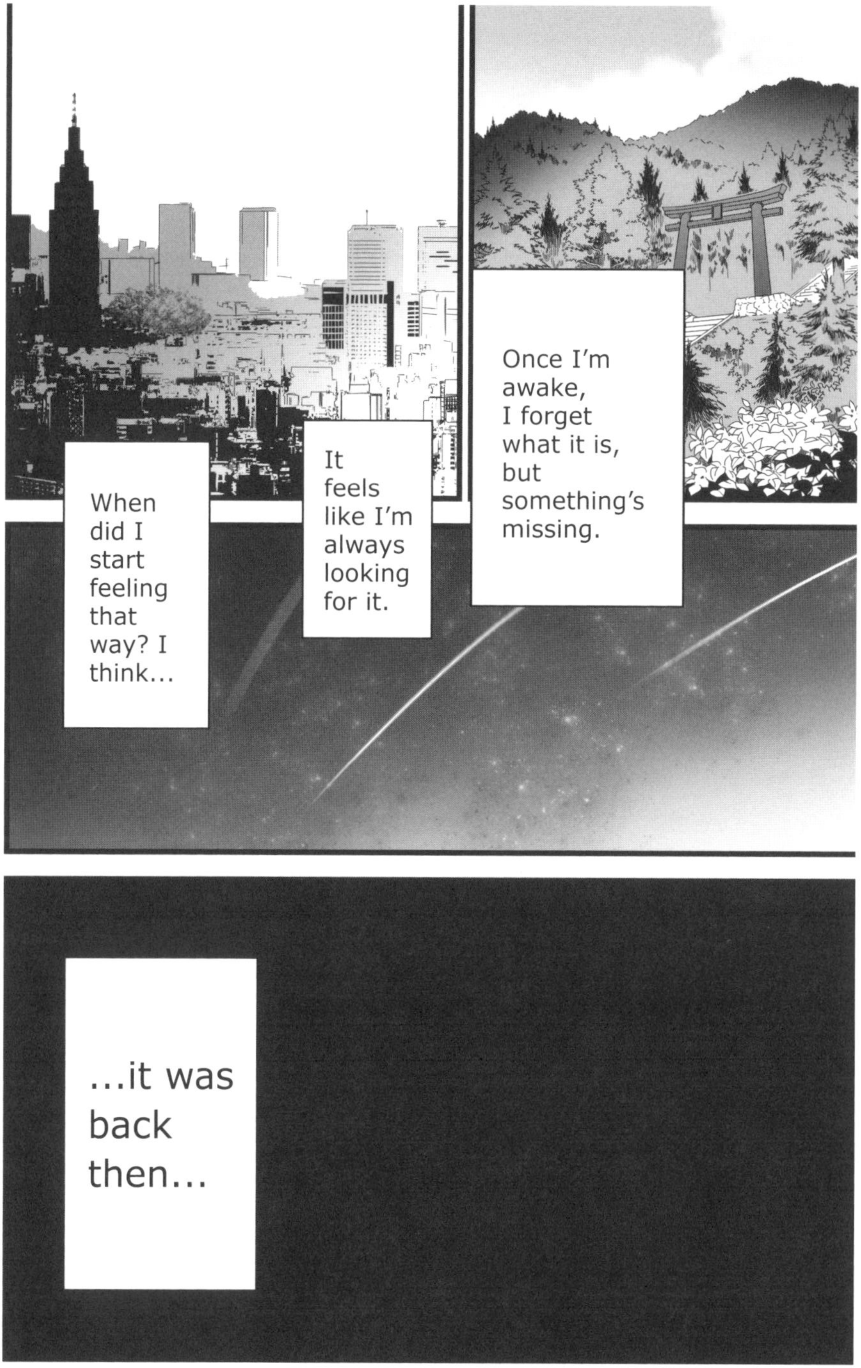
Once I'm awake, I forget what it is, but something's missing.
It feels like I'm always looking for it.
When did I start feeling that way? I think...
...it was back then...

ずっと探している
気がする

そんな気分になったのは…
たぶん…

あの時から

男の子になりたいなあ

生まれ変わったら私

ずっと考えてた…

やばいぞ サヤちん
三葉がおかしいぞ

三葉ー！
大丈夫!?

もう テッシー！
あんたほどやないやろ

例えば

東京とかの大都会の
男の子になったら

なんでもあって　毎日　自由に暮らして
田舎のいろんなしがらみから解放されて

For example...
...if I could be a boy in Tokyo or some other big city...
...free to live as I pleased every day in a place that had everything, free of all the rural ties and restrictions...
I really, truly envy that.
And if I were a hot guy, life would be even better, right?
Yeah, that looks like stress.
If I could at least...

心底　羨ましい

イケメンやったら
なおいい人生やない!?

ありゃあ
ストレスやな

せめて

夢だけでも
男の子になれたらなぁ…

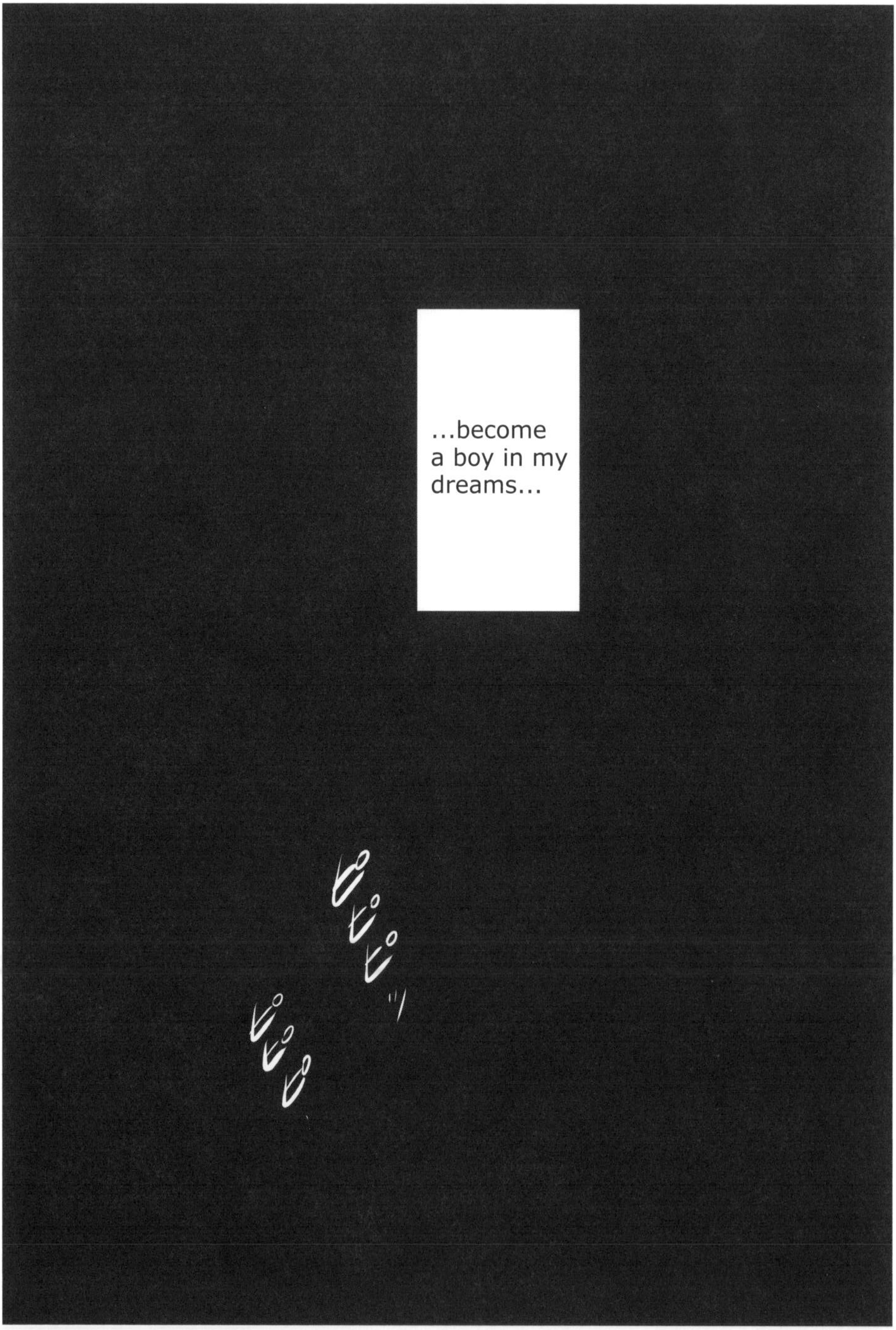
...become a boy in my dreams...
ピピピッ
ピピピ

ん…

んん〜〜〜っ

ヴ…
ピッ
Was that when I set my alarm for?
……
...Where am I?

俺 アラーム こんな時間にしたっけ

ここ…何処だ?

お姉ちゃん
何しとるの？

いやあ 夢にしちゃ 結構リアルな感じだなって

あと 意外とかたい…

何 寝ぼけとるの？

って お姉ちゃん？
俺が？

ご は ん

早よ来ない

…いもうと

変な夢だなあ…

…え
...Huh?
ぎゃあああッ

なんで？

なんで 起きたら
こんなことになってんの？

俺…女の子になってる？

つうか ここ何処!?

ていうか
お前 誰だよ！

And who the heck are you!?

ピピピ
ヴー
ヴー
ヴー
6:30
ピ
あふ
んーっ

なんか今日は

Somehow, I feel like...
よしっ
...I had a good dream last night!

いい夢みた気がする！

おはよー

お姉ちゃん
遅い

ごめんごめん
明日は私が作るでね～

おばあちゃん
昨日のお魚出す？

あんたが
食べやあ

Gran, want to put out yesterday's fish?
You eat it.
Morning!
Sis, you're late.
Sorry, sorry, I'll make it tomorrow.
She's normal today.
Uh-huh.
What?
You were kinda crazy yesterday, sis.

今日 普通やな

本当やな

なに？

昨日のお姉ちゃん
ちょっと
やばかったもんな

は？ なにそれ

…知らんほうがいいこともある

ちょっとなにー？

昨日～？

皆様おはようございます

町役場からお知らせです

糸守町（いともり）町長選挙について…

来月20日に行われる

町の──

ピッ
And now, for our next story...
次のニュースです
Just make up with him already.
仲直りすればいいのに
...a comet that's said to appear just once every 1,200 years will be passing earth.
Finally, in just one month...
7:25
It's an adult problem.
大人の問題
彗星 1ヶ月
Next month, hm?
来月かー
1200年に一度と言われる彗星の来訪が
いよいよ1か月後にせまっています

行ってきまーす！

That'll be fun.
See you later!
Hmm...
This really is the boonies, mountains and fields as far as the eye can see...
Okay, sis! Don't you follow me today.

楽しみやな

ほんと田舎なんやから…
どこまでいっても山と畑…

うーん

じゃお姉ちゃん！
今日はついてきたら
ダメやよ

今日は迷子に ならんとってよ～　昨日 学校行く道がわからん とかいうんやもん　え？

まっ!?

四葉(よつは)！ 姉をバカにするのも いい加減にしなさーい！

みーつはー！

わわ　おはよー！　サヤちん！ テッシー

Mornin'.
Hurry up and get off.
I'm fine here. Don't be stingy.
You're heavy.
Aww, you two...
You get along so well.
仲良くない!!
Mitsuha, you did your hair proper today.
Huh?
Oh yeah, did you have your grandma exorcise you?
Exorcise? What are you talkin' about?
Well, I mean, yesterday...
...you were really out there.

おはよう

お前
早く降りろ

いいに
ケチ

重いわ

あんたら

仲いいねえ

三葉 今日は
髪ちゃんとしとるな

えっ

そうや ちゃんと婆ちゃんに
お祓(はら)いしてもらったんか?

お祓い?
なんの話?

だってお前 昨日…
やばかったぞ

昨日は 頭がボサボサの
まんま学校きて

私たちの名前もわからんし
ずっと薄ら笑っとるし

ええええええ!?
うそお!

あれは絶対
狐憑きかなんかやな

テッシー オカルト好きは
だまっとって

三葉もストレスたまっとるのよ

なんなのみんな 昨日昨日って!
昨日は普通に…

あれ?
そういや

昨日…
なにしたっけ?

覚えてないん？

昨日〜〜〜!?

宮水さん！ 今回も町長選挙 頑張って下さい

応援してます

町の財政改善を…

あら おはよう

ありがとうございます

三葉

町長と土建屋は その子供も仲がええのう

しゃんと前見て
歩きなさい

町長さんは
身内にも厳しいなあ

見た？ 恥ずかしい～
かわいそ～

これは
どういうこと…？

What...
...is goin' on?
Hey, Miya-mizu.
Miya-mizu-san!
Are you okay today?
Who knew you were such an athlete, Miyamizu?
Wanna come play ball with us next time?
Miyamizu, what happened yesterday? Your hair was all...
Miyamizu, stay out of the guy's restroom.
!?

あ 宮水
宮水さん！
今日は大丈夫？

宮水があんなに
運動神経いいとはな

今度 野球
しに来んか？

宮水 昨日はどうしたんや…？
あんな髪型で

宮水〜 お前もう
男子トイレくるなよ

全然覚えとらんうえに
そんなことをしとったなんて…

ただでさえ 親のことや神社のことで目立つで
目立たんように学校生活 送ってきたのに…

なにこれ…

まるで 別の誰かが
私に入ったみたい？

宮水さん！ 宮水さん？

そんなはず
ないやろ〜〜!?

あら　宮水さん

は　はい!!!

今日は　自分の名前
わかったのね

あれは　狐憑きかなんかやな…

そんなことするの
だれやって言うんやさ!

え

たそかれ

みんなも知ってる
黄昏の語源です

黄昏時って
わかるでしょう?

夕方 昼でも夜でもない時間

人間の輪郭がぼやけて 人ならざるものに出会うかもしれない時刻

相手の顔が見えないから 誰だろうって確認する時間だったのよ

「彼は誰」時とも言う

かたわれ時とか?

それは この辺りの 訛りじゃないかなあ

田舎やもんなあ…

ザーッ

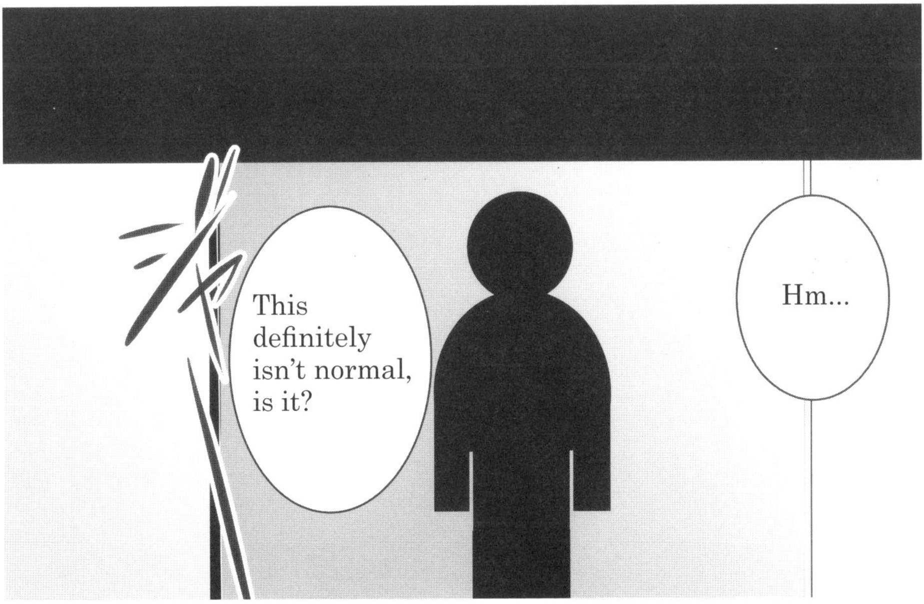
Hm...
This definitely isn't normal, is it?

やっぱ
おかしいよな？　これ

うーん

どうなってるんだ？

宮水〜！

宮水
髪の毛ムスベー

お前は言

昨日のこと
覚えとらんの!?

…うん

アンタ だって昨日は自分の
机もロッカーもわからんていって

頭はボサボサやし
リボンはしてこんし

えええ〜〜〜
うそお 本当?

なんか 記憶喪失
みたいやったよ

そういえば ずっと変な夢を
見とったような気がする…

別の人の人生を
見とるような

前世の記憶や！

わかったぞ
三葉　それは

もしくはエヴェレット解釈に基づく
マルチバースに無意識が接続したちゅう――

あ　もしかしてテッシーが私のノートに…

あんたはだまっとって

……ううん
なんでもない

体調悪いんや
ない？

そうかなあ
元気やけどなあ

ストレスとかやない？
例の儀式ももうすぐやろ？

口噛み酒

私もうこの町嫌や〜〜

言わんといて〜〜〜

まあなあ
なんもないもんな　この町

卒業したらさっさと
東京行きたいわ～

狭すぎるし
濃すぎるし！

電車なんか
2時間に1本やし

本屋ないし
歯医者はないしなあ

コンビニは
9時に閉まるし

雇用はないし
嫁は来ん！

そのくせ
スナックは2軒

お前ら！
…仕方ねえな

それから
それから

そんなことより
カフェよらんか

え 喫茶店!?

できたの!?
どこおお〜！

この町にそんなんあるか なにがカフェやさ

Forget that stuff. Wanna stop by the cafe?
Huh!? A cafe!?
They built one!
Where is it!?
商品は1本毎に取り出してください。
リサイクル
COFFEE
BOSS
トッ
トットッ
Mitsuha went home.
What "cafe"?
Like this town'd have one...
She's got it rough.
Well, she's the star.

三葉
帰ってまったやろ

あの子も
大変やよね

まあ三葉は
主役やから

なあテッシー

高校卒業したら
どうするん？

なんやさ急に
将来とかのはなし？

別に…

普通にこの町でずっと暮らして
いくんやと思うよ おれは

字 きったないなー

お姉ちゃん おばあちゃん 用意できたって

ま いいや

きっと夢やったんや
忘れよう

四葉には
まだ早いわ

私もそっちが
いいなー…

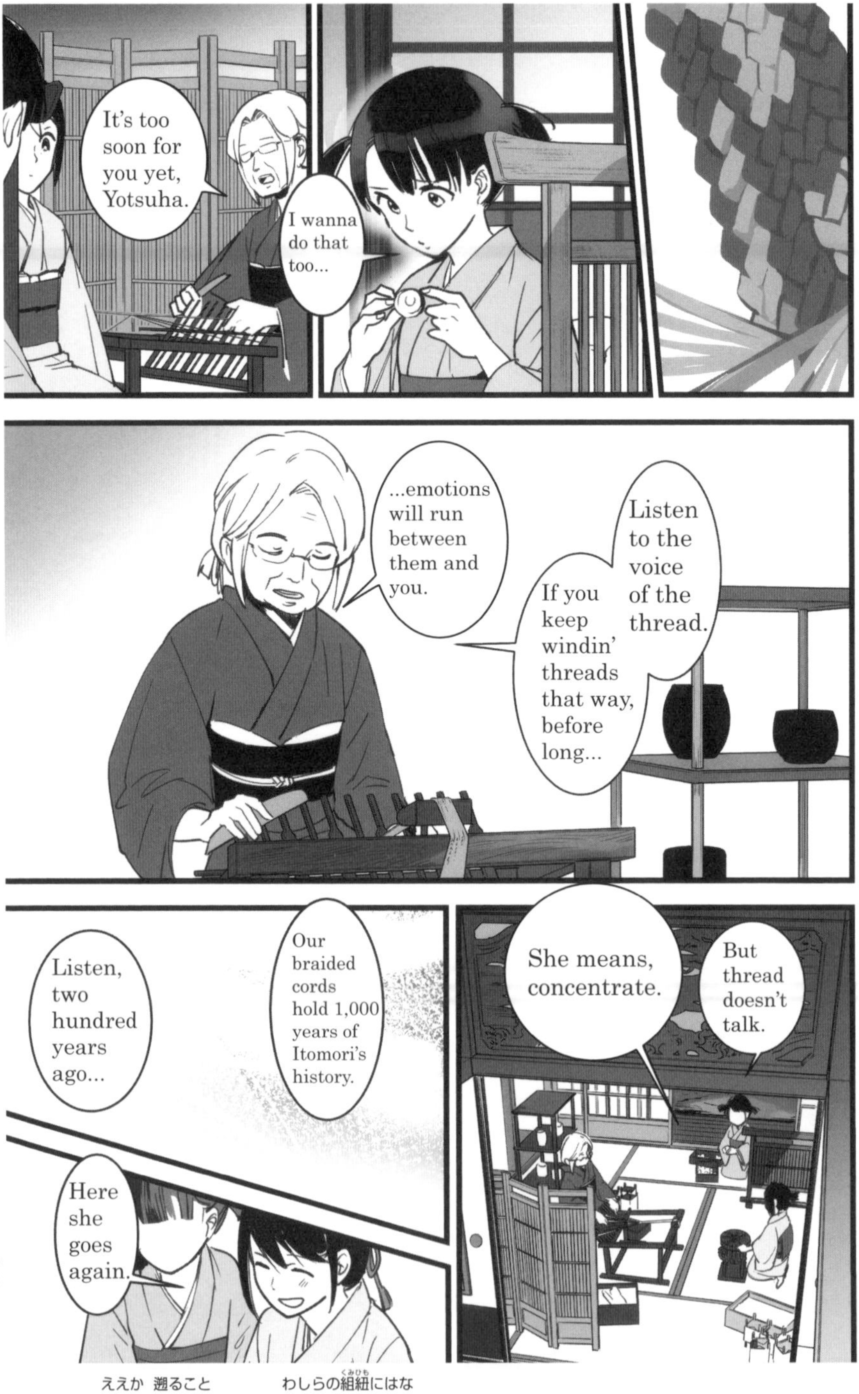
It's too soon for you yet, Yotsuha.
I wanna do that too...
Listen to the voice of the thread.
If you keep windin' threads that way, before long...
...emotions will run between them and you.
Listen, two hundred years ago...
Our braided cords hold 1,000 years of Itomori's history.
Here she goes again.
But thread doesn't talk.
She means, concentrate.

糸の声を聞いてみない

そうやって糸を巻いとると じきに

人と糸との間に感情が流れ出すで

糸はしゃべらんもん

集中しろってことやよ

はじまった

ええか 遡ること
200年前

わしらの組紐（くみひも）にはな
糸守1000年の歴史が
刻まれとる

ぞうり屋の山崎繭五郎の風呂場から火が出て
この辺りはみんな丸焼けになってまった

お宮も古文書もみな焼け
これが俗に言う

繭五郎の大火

ええー 名前ついとるの
繭五郎さん かわいそう

おかげで 祭りの意味も
わからんくなってまって

残ったのは形だけ けんど
文字は消えても伝統は消しちゃいかん

それがわしら宮水神社の
大切なお役目

せやのに
あのバカ息子は

神職を捨て 家を出て行く
だけじゃ飽き足らんと
As if abandonin' the priesthood and leavin' this house weren't enough.
It's a disgrace.
どもならん
ああ三葉
Oh, Mitsuha.
週末の神事の用意を
しといとくれな
Make the preparations for this weekend's ritual, would you?
口噛み酒
For the *kuchikami-zake*.
今年は
四葉もあるでな
Yotsuha will be there this year too.
はあい
Okay.

ドンッ
ドンッ
パチ
パチ
ドンッ
シァラ…
シン

It's the oldest sake in Japan.
Kuchi-kami-zake.
Mitsuha's so pretty!

日本最古の
お酒

口噛み酒

綺麗やなー
三葉！

米を噛んで吐きだしたものが自然と発酵して
They chew up rice, and the stuff they spit out naturally ferments...
酒になる
...and turns into sake.
神様はそんなの欲しいんかなあ
You think the gods want something like that?
そら欲しいやろ!
Of course they do!
......
うわー
Eww!
みたあ?
Did you see that?
よくみんなが見とる前でできるよね
How can she do that in public!?
引くわー
That's so gross.

Arrrrgh!
Cheer up, sis.
Who cares if people from your school saw you?
It must be nice to be a little kid with no worries.
Damn …
Will they all be whisperin' about me tomorrow?
Rural towns are too small …

あー　んもおおお！

お姉ちゃん
元気だしないよ～

いいにん　学校の人に見られたくらい～

思春期前のお子様は
気楽でええよな

あーあ

明日にはみんなに噂されるんかなあ
田舎って狭い…

これだから田舎は……！

あっ　そうや　いっそ
口噛み酒をたくさんつくってさ

東京行きの資金に
したらどう？

生写真と
メイキング動画つけてさ

あんたって
すっごい発想するなぁ

巫女の口噛み酒って
どう？

だめー
酒税法イハーン！

そこ!?

もう私…

お姉ちゃん！　お姉ちゃん？

もうこんな町
いやや

こんな人生
いややー！

今すぐ私を

東京のイケメン男子に
してくださーい！

な

あほやなあ…

それじゃ イケメンの人生やろ…

どうせなら
正反対の人生を送りたい

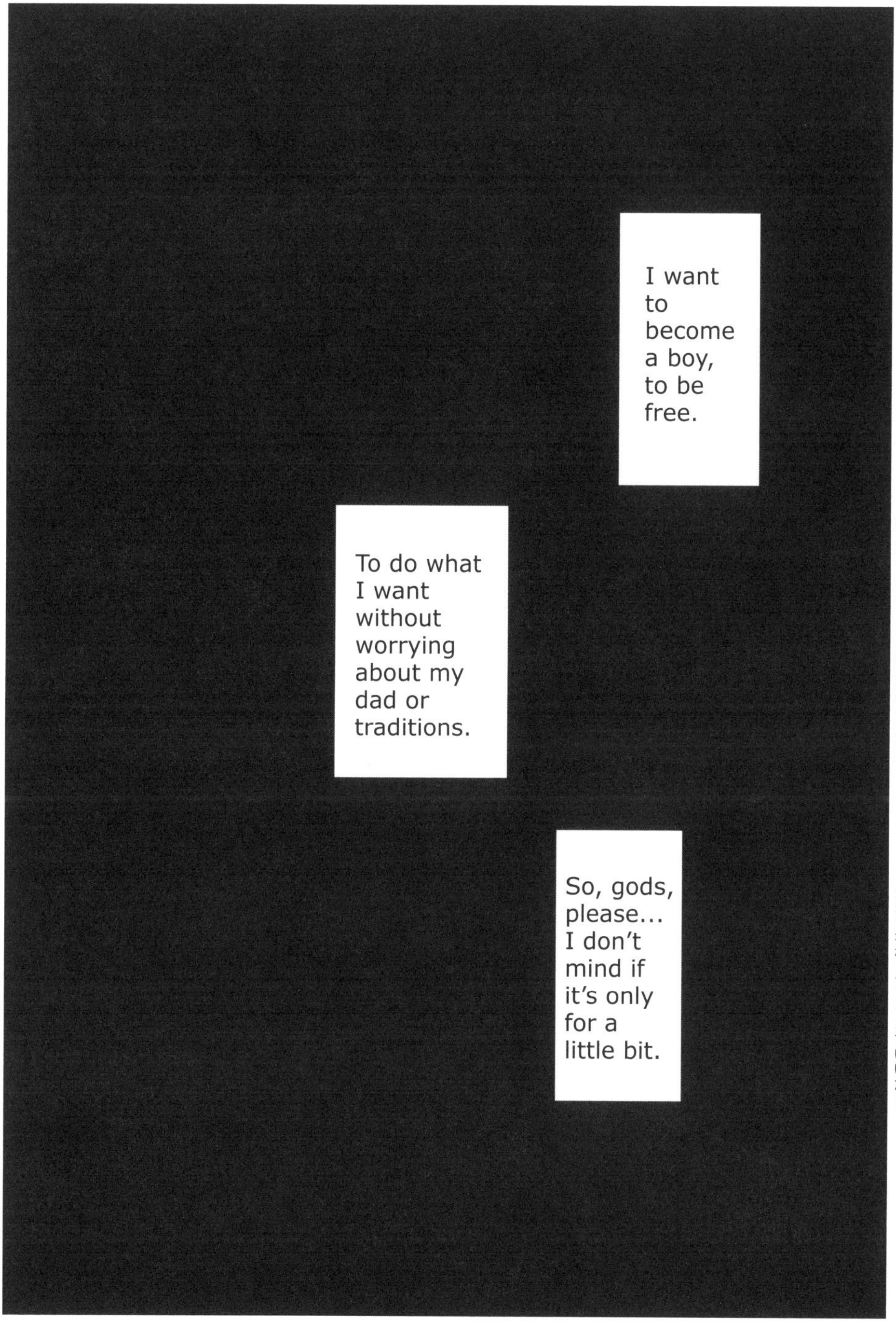
I want to become a boy, to be free.
To do what I want without worrying about my dad or traditions.
So, gods, please... I don’t mind if it’s only for a little bit.

男の子になって　自由になって

親のこととか　しきたりとか
なんも関係なしに　好きなことしたい…

だから神様…ちょっとでいいから

Even as a dream would be fine...
8:00
9月5日月曜日
だっ
ヴーン‥ヴーン

ここ どこ？ あれ？

ん…
ぎゅっ
…….!
きゃあーっ
きっ
ガタタ

…わたし

男の子になっとる…

第一話 終

end of first episode

second episode

第二話

起きたら
男の子になっていた

だ…
だれ？ これ

Th-
this
is...
Wha...?
Where
am I
anyway?
Is it a
dream...
maybe?
Is this
because of
what I said
yesterday?
Hey,
Taki!

こ…これ

おーい 瀧！

えー
どこやろう ここ

もしかして
…夢？

昨日 あんなこと
言ったから？

もう遅刻じゃ
ないのか？

…すいません

変な声だすなよ〜

お前　今日メシ当番だったろ？　寝坊しやがって

俺　先に出るからな

味噌汁　飲んじゃっといてくれ

なんか変だな
？　どうした？

あ　あの…いえ…

まあいいや
学校は遅刻でもちゃんと行けよ

じゃあな

い　いってらっしゃい！

…変な夢

さっきのお父さん…かな？

な…なに
携帯？

つかさ？
だ だれー？

もしかしてまだ家か？ まさか遅刻とかじゃないよな？ 早く学校こいよ！ 司

トイレ行きたい…

なにこの夢～！ リアルすぎ!!

Tsukasa? Wh- who's that?
Are you still home? Don't tell me you're gonna be late... Hurry up and come to school! -Tsukasa
8:13
9月5日月曜日
ツカサ
I have to pee ...
What's with this dream!? It's way too real!!
!

サァッ

It's Tokyo!
JR
新宿駅
Shinjuku Station

東京やぁ〜〜！

と…

II-C
...Is this the one?
生徒手帳
Taki, hey!
ばんっ

ここ…かな?

瀧 お前〜!

Look at you, showing up at noon...
Let's go eat!
I texted you and everything, and you just ignored it.
Oh. Tsu... Tsukasa-kun?
An honorific, huh! Does that mean you're sorry?

まさか　昼とはねえ

メシ行こうぜ！

おまえ　せっかく送ったメール
無視しやがって〜

あ　つ…司くん？

クン付けかよ！
反省の表明？

高木が先
場所取ってるってよ

おーきたきた～
おせえぞ！

まよったあ？

どうやったら通学路で
道に迷えんだよ

お前なあ～

あ…私
Oh... 'Scuse me...
私？
“'Scuse me”?
わたくし？
I mean, “pardon me”?
いや 僕…
Er, no, “sorry” ...?
Hmm ...
ええ…？
“Whatever”...?
俺…？
なんか…毎日お祭りみたい 東京って
Y'know, somehow... In Tokyo, it's like there's a festival goin' on every day.
Uh...
…お前さ

瀧　弁当は？

なんかお前
なまってない？

え!?

ええ!? も　持ってない

寝ぼけてんのか？

しゃあねえなぁ
なんかある？

たまごサンドかな

あ じゃあ
たまごコロッケサンドにしてやろう

あ
Th...
ありがとう
thanks!
放課後 カフェ行かねえ？
Want to go to a cafe after class?
お いいね あそこのだろ 新しい…
Good idea. You mean that new one, right?
え
Huh!?
えっ
Huh!?
かふぇ!?
Cafe!?
かふぇ〜〜〜？
A cafe!?

おい あの店員さん
かわいいぞ

へぇ～～
内装いいな

瀧 決まったか？

あっ うーんと

うえ!? 高っか!!!

このパンケーキ代でオレ
1か月は暮らせる…

いつの時代だよ

まいっか 夢やし

お待たせしました

あーいい夢～

ええ
どうしよう
オレ バイト
遅刻だって
お前のシフト
今日か
行けよ
うん…

あ！
あのお
オレのバイト先ってどこかなぁ
はあぁ？

ここかなあ…

あ あの…

奥寺さん

そこいいから
ホールお願い

わかりました

あ お前 瀧！
おせえぞ！

早く着替えてこい

はい！

たき…たき…
これか

12番テーブル！おい瀧！
はい
遅いぞ！何してる
お待たせしました
6番 7番 10番さん オーダー待ちです
はい！
ええと…トマトと…ズッキーニの…サラダ…と…
頼んでませんけど
え？
瀧！
うああぁ！

トリュフは品切れって言ったろ
瀧 声が小さい
瀧！

ああ～～～この夢
いつ覚めるんやさ～～！

Waaaah! When is this dream gonna be over!?
'Scuse me, boy!
Look at this. There was a toothpick in my pizza.

ちょっと お兄さん！

見てこれ ピザに
楊枝が入ってたんだけど…

俺が気づいたからよかったけどさあ
これ…喰っちゃったら危ないよねえ

どうすんの？

あの…でも…
ここ イタリアンですよね

あン？

イタリアンの厨房では
楊枝つかってないと思うんですけど

なんだと？

お客さま

どうかなさい
ましたか？　　お客さま

ここはいいから

そう？　大変失礼いたしました
お代は結構ですので　お前　今日
おかしいぞ　瀧　こっち

お怪我は
ございませんでしたか？

You weren't hurt, were you?
Closed
チリリン…
Um. Okudera... san?

あの
奥寺…さん？

You had it rough today, didn't you?
Ah, Okudera-senpai.
About back there...
That's "*senpai*" to you!
Those jerks were totally pulling a fast one. I handled it by the manual and didn't charge them for their meals, but...
you were working really hard today, Taki-kun.
Well, I've never worked a part-time job before...
?
Huh? Okudera-senpai...

今日は災難
だったわね

あ 奥寺先輩
今日は…

先輩だろ！

あいつら
絶対いいがかりだよ
マニュアル通り
タダにしてやったけどさ

瀧くん 今日なんか
がんばってたもんね

バイトは
はじめてで…

あれ…？
奥寺先輩

え

先輩
それって…

やだっ

あいつら…

どうした?

！…先輩

瀧くん!?

えっ

こっち！

先輩　瀧くん？

スカート
脱いでください

え…

あっ　むこう向いてますから！

はいどうぞ
Here you go.
わあっ
Wow!
瀧くん すごい!!
Taki-kun, this is amazing!
前よりもカワイイ!
It's even cuter than it was before!
本当はさ ちょっと 心配だったんだ 今日
To tell the truth, I was a little worried today.
瀧くん 弱いくせに ケンカっぱやいからさ
You're weak, but you're always so quick to fight.

あんまり無理
しちゃだめよ
あ…

私たち
ホールなんだから!

あのね
東京の男子って
こんな感じなのかー
喧嘩して
バイトして…

みんなは 今日の瀧くん 変って言ってたけど
Everyone said you were strange today...
あ…はあ
Huh? ...Ah.
私は 今日の瀧くん いいと思うな
...but I like this version of you.
ふふ 女子力高いんだね
Heh-heh! You're really in touch with your feminine side, aren't you?

つかえーる
小塚商店
一本前
一本後
This is a real impressive dream.

よくできた夢やなあ

日記つけとる

あれ？ この子

マメやなあ

へー いいなあ東京生活

あ 司くんと高木くん

奥寺先輩！

片想い…かな？

An unrequited crush, maybe?
...Hmm.
ポチ
ポチ
ポチ
Today, I talked with Okudera-senpai.
All because of my...

…ふうん

私のおかげ…

今日は 奥寺先輩と
話しました

お前は誰だ？
古典
Oh!!
あ!!
That's right.
そうだ
ARCH
みつは
ギュ
ポン

わたしは…

みつは

ふあ

眠い…

夢なのになあ

Even though it’s a dream...
ABON
カラオケ&パーティー
洋服の青田
OPSON
Holon
TOL
パチンコ
スロット

삐ー
삐ー

7:00
9月6日火曜日
アラーム
スヌーズ

They're really...
...really hard...
Hm???
What's
this?
みつは

…とても
とても硬い…

んん???
なんだこれ

Was that there before?
Taki, put your laundry out.
ペリ
コツ
コツ
There we go.
Were you all right yesterday?
...? What do you mean?

こんなん
あったっけな…

瀧 洗濯だせー

よっと

お前昨日
大丈夫だったか？

…？
なにが

昨日はなんだか妙に
おどおどしてたじゃないか

は？

You were acting weirdly nervous. Remember?
Huh?
You were pretty cute, though.
At dinner, you said, "Daddy, daddy, listen."
Just like when you were little...
Quit being creepy, dad.
So you keep a diary, hm?
!!?
Wha...? How do you...know about...?
You told me. "Today's diary entry is special," you said.
カァァッ

いやーでも昨日は
かわいかった

夕飯のときに
お父さんお父さん聞いてって

小さい頃の
お前を思い出すよ…

なに きもいこと
言ってんだよオヤジ

日記書いて
るんだろ？

は？…なんで…
知って…

お前が言ったんじゃないか
今日の日記は特別ーって

なんでも言ってくれて
嬉しいよおれは

う うるせえよ！

そんなはずはねえ

映画の世界みたいでわくわくした！
私の失敗のおかげで 超美女♡奥寺センパイと仲良くなれたし♪

携帯の日記 なんて 誰にも…

That's not possible.
I'm glad you feel like you can tell me anything.
Sh-shut up!
I've never told anybody about my phone journal...
Diary
CONTEXT
It was really exciting, like something out of a movie! Thanks to my mistakes, I managed to get closer to the super-gorgeous ♡ Okudera-senpai.♪
On the way home from work, we walked as far as the station together.
Say what!?

バイト帰り 駅までの道を
奥寺センパイと一緒に帰りました

はあああ!?

だれだよ　　　　わたしの女子力のおかげ♡

みつはって誰だよ

もしかして お前らが…　　あ！　　へ？ なんだそりゃ！　　迷子もならなかっただろうな　　おい瀧 今日は弁当もってきたか？

なあ 今日も
カフェ行く？

なわけないか

Want to hit another cafe today?
Nah, they wouldn't.

あ わり
俺バイト

Uh, sorry, I've got work.

行先わかるのか～？

Do you know where to go?
Huh? What're you talking about!?

は？ 何言ってんだよ！

See you!

じゃあな！

He was normal today.

…今日は
普通だったな

ん？ え？ 昨日はなんか
かわいかったもんな

えっと…
どうしたんすか…？
おい瀧〜〜〜
抜け駆けしやがって
昨日奥寺さんとどこまで
いったんだ 教えろ！

ま まじなの？
あのあと一緒に
帰っただろ

奥寺入ります～　いやまさか…

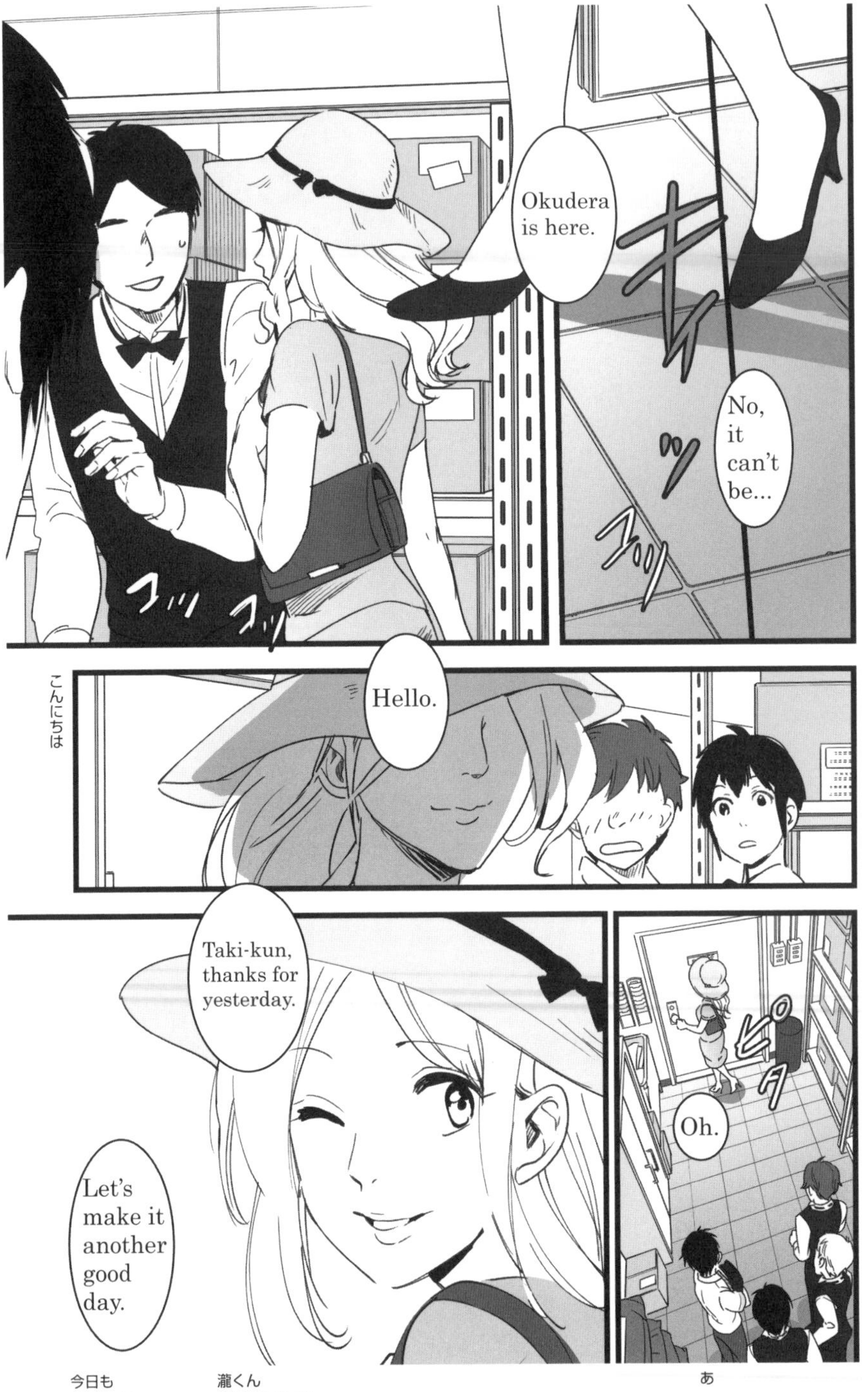

こんにちは

あ

瀧くん
昨日はありがと

今日も
よろしくね

パタン
おいおい!!
What was that about, Taki!?
ぎゃあ
ぎゃあ
No fair getting ahead of us, dude!!
No way.
Don't tell me this is actually...

どういうことだ 瀧!!

抜け駆けはずりぃぞー!!

まさか

まさか これって

こいつがまじで
俺の中にいたってこと？

もしかして

September
6
Friday
I slept real well.
Nnh...

よくねたあ ん〜っ

何かまた
夢みたような…

な なにこれえ

いつまで寝とるの お姉ちゃん！

ごはん

おっ… 早よ来ない あ 今日は おっぱい触っとらんに

Boobs!?
パラパラ
パラ
がさがさ

まさか 本当に？

It can't be...
Is this real?
パラッ
Whoa!!
宮水三葉
放送部
大人しい子
宮水家
・神主らしい
・父は別居
・母は亡くなってるぽい
・巫女をやってる？
・あまり友達いない
・胸はある
この人生は何なんだ？？

うわ!!

なにこれ

What is this?
宮水三葉？
ミヤミズミツハ
？
23:40
Diary
お友達は優しいし、自分自身もちょっとイケメンだし。レストランのバイト経験は驚いたけど、映画の世界みたいでわくわくした！
私の失敗のおかげで、超美女♡奥寺センパイと仲良くなれたし♪バイト帰り、駅までの道を奥寺センパイと一緒に帰りました。
私の女子力のおかげ♡
No way... Is this really...?

まさか本当に…？

なんでか
知らないけど

俺は夢の中で

この女と

あいつと…

入れ替わってる〜〜〜!?

第二話 終

end of second episode

君の名は。

your name.

君の名は。

your name.

third episode

はいはい
こっちー!!

三葉！
Mitsuha!
ダム
ダム

三葉 またなん？

ちょっと 三葉

へんな下着つけてるからさ
またにする！ じゃ

やー俺も 一緒に着替えたいのは
やまやまなんだけど…

なんでみんなと一緒に着替えるの いやなん
そんな恥ずかしいことないに

女子と着替えるの
絶対禁止

私の裸も
見るの禁止だから

おいおいいい!

今は　宮水三葉に
なってる

俺は瀧

どうやって着替えろ
っていうんだよ

こんなに禁止事項
書きやがって!!

いいっ!! 約束だからね!!
ゼッタイ禁止
・お風呂 ぜっっったい
・体は見ない! 触らない!!
・脚をひらくな!
・男子に触るな!
・女子にも触るな!
・ちゃんとブラは してるでしょうね!?
こないだ置いてったでしょう
次やったら ぜっっったい許さないから!!
ズラ
Check out all those "don'ts"!!
Maaan, this is already tough enough...!
You are wearing a bra, aren't you!? You just left it here last time.
Next time you do that, I'll never, ever, ever forgive you!
んっ。
あいつまた 男子トイレ…
こそ こそ
またか。
We don't know why, but...

俺がこんなに苦労
してるってのに…!

ちゃんとブラはしてるでしょうね!?
こないだ置いてったでしょう

次やったら ぜっっったい許さないから

なんでかは
わからないけど

俺と三葉は夢の中で
入れ替わっているらしい

...Mitsuha and I are swapping places in our dreams.
...it seems...
At first, we couldn't believe it, but the things that happened and the reactions of the people around us...
...proved it to us.

最初は信じられなかったけど
周りの反応 出来事が
それを物語っていて

入れ替わりは
週に2〜3度

起きたら 夢の中の出来事は
少しずつ忘れていって…

We swap two or three times a week.
When we wake up, little by little, we forget what happened in the dream.
!?

お互い 日記を書くことにしている
混乱を避けるために

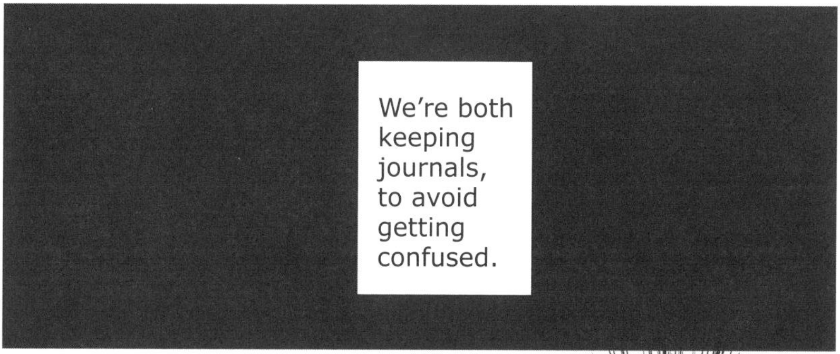

We're both keeping journals, to avoid getting confused.

And even so, that jerk—!
What!?
IL GIARDINO

それなのに
あいつは!

はああ?

こっちは
瀧くんの入れたバイトで
大忙しなのに！

信じられん！
もー目立つの禁止っていったのに
なんでそんなことしとるのよ？

ムム・・
Unbelievable! Argh, I told him not to stand out! Why is he doing that?
Even though I'm crazy-busy covering the shifts he picked up!
Taki-kun, got a minute?
ぱあっ
Oh, Okudera-senpai!
Look at this!
I had a tart at this cafe the other day.
No way! Oh, wow!
Why are you taking so many shifts?
It's your fault, Mitsuha!

瀧くん　ちょっといい？

あ！　奥寺先輩

ちょっとこれ見てみて～

こないだ　このカフェで
タルトたべちゃった

うそ〜〜！
すごおおい！

なんでこんなに
バイト入れてるの？

三葉（おまえ）の
せいだよ

頑張ったご褒美に
ちょっとくらいいいじゃない！

人の金で たくさん
食いやがって！

I'm working hard! I deserve a little reward, don't I!?
You're pigging out with my money!
That's not "a little"! I have to braid cords. What's a braided cord for anyway?
We set rules for each other and decided not to make trouble for the other person while we were swapped, but...
Don't talk like a girl! Lose the accent!
Keep your legs closed!! This is very basic stuff!
Oh, come on! You're causin' trouble for Saya-chin too!

ちょっとじゃねえ！
瀧なんか組紐だぞ 組紐ってなんだ

女言葉 使うな！
訛り禁止

なによ そっちだって
サヤちんに迷惑かけて！

足開くの禁止!!
人生の基本でしょお！

お互いにルールを決めて
入れ替わったときは相手の邪魔にならない
ようにしようって決めたのに

はあああ～!?　それなのに

なにしてんの!?!!　あいつはあ～～

な〜に〜!?　あなただって彼女おらんくせに!!
三葉の体で勝手に告白の手紙とか
うけとらないでよね！女の子まで！

瀧の人生かえるひまあったら
自分のほうで彼氏つくれよな！

瀧と奥寺先輩の仲は順調だよ

てめえ三葉…瀧の人間関係を勝手にいじくるな

だから女の子の気持ちわからないのよ！

むかつくー!!

お前だって彼氏いないじゃねえかこの田舎もん！

Your relationship with Okudera-senpai is going very well.
Mitsuha, what the hell!? Don't mess with my relationships!
If you've got time to change my life around, go get yourself a boyfriend!
Excuse me!? It's not like you've got a girlfriend!! And don't accept love letters when you're me—especially from girls!
Seriously, you got no understandin' of girls' feelings!
ボス
Well, you don't have a boyfriend either, bumpkin!
You make me sick!!
キィーッ
I—!
I...!

瀧は…！　三葉は！

つくらないんです～!!

I'm just not looking for anybody!!
Where did this bench come from?
We made it. You and me, we were gonna surprise Saya-chin.
Oh.
Taki-kun did it, then...
Agh! Tesshi, what happened?
Was it a fight? You fought, Tesshi?
...Nothin'. It was yesterday I just sorta...

なあに　このベンチ

お前と俺で作ったんやろ　サヤちん驚かそうって

そっか

瀧くんがね…

わっ　テッシー
どうしたのそれ

喧嘩？
テッシーが？

…いや　これは
ちょっと昨日な

昨日うちで 親父の会社の人と
三葉んとこの親父さんが集まってな

克彦 週末は
現場手伝え

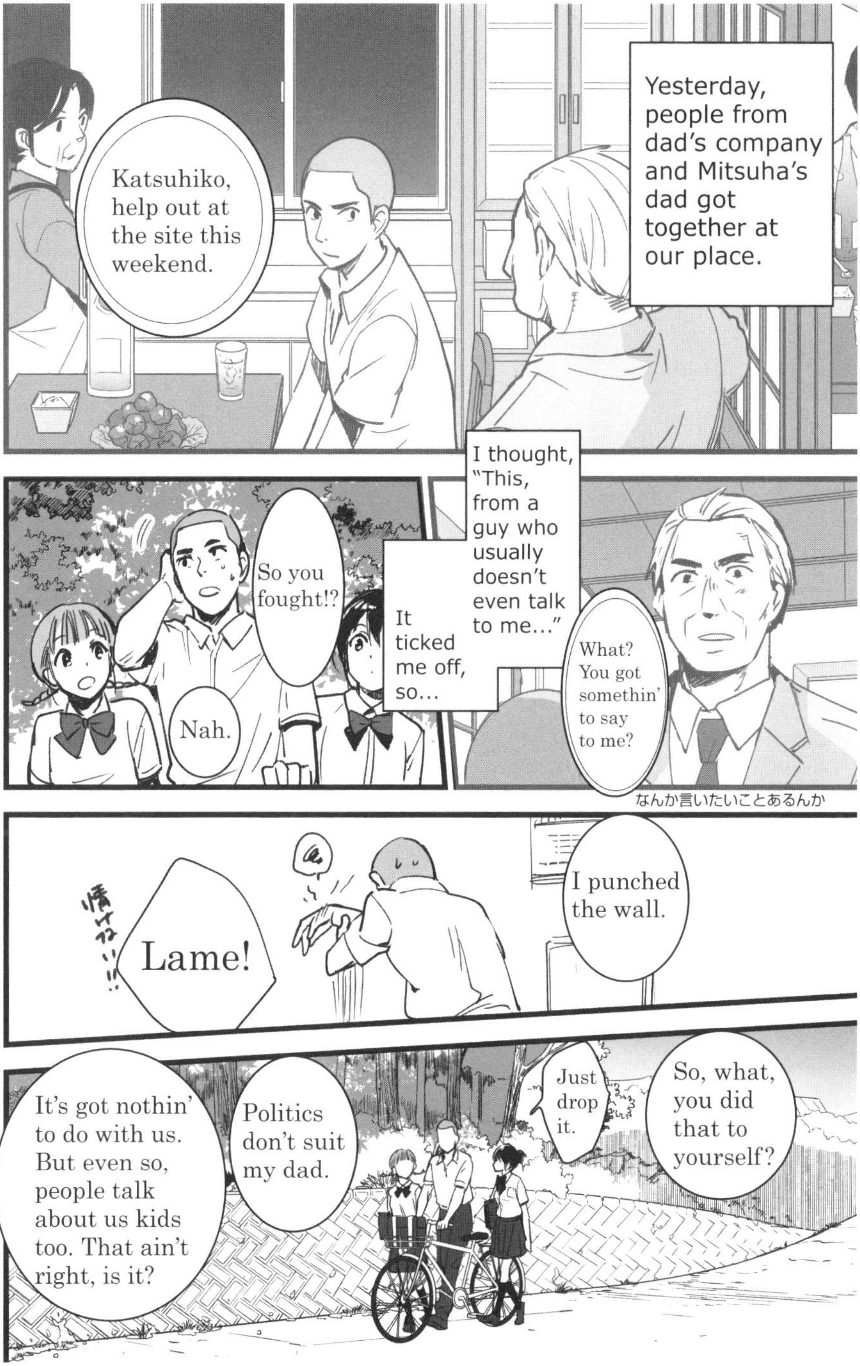

なんか言いたいことあるんか

普段なんも言わんくせにって
おもって 腹たってまってさ…

喧嘩したん!?

いや

壁を殴った

ださい!

なんやあ
自分でやったんか…

うるせえ

うちの親父は政治とか
似合わんのやさ

おれらは関係ないのに
せやのに おれら子供が周りから
言われるの おかしいやろ

You can't choose your folks.
Right, Mitsuha?
……
Taki-kun...
What do you do when you've had a fight with your dad?
Ugh...
Diary
ぽすん
保存しました
That was dumb!
He'll just say, "How should I know?"
どーせ

親は選べん…

なあ三葉

瀧くんは…

瀧くんは 親と喧嘩したとき どうしてる？

なんて…

ばかみたい！

しるかって言われるに決まっとるもん

あ 今日は
瀧くんなんや…

ブブー
ぽりぽり
!!
Oh, I'm Taki-kun today.
Hm?
がばっ
Whoa! There's a reply.
You're getting along pretty well with my dad. Why not just talk to yours like that? ...I mean, I dunno, but...
Heh heh!
What kind of reply is that?
Oh, daddy! Good morning.
Listen...!

ん

うちのオヤジとはうまくやってんじゃん
そんな感じで話せばいいんじゃねえの…しらねえけど

わっ 返信きとる…

ふふっ

って なにそれ

あのね…！

あ お父さん！
おはよう

うん？ おれの仕事が見たいだって…？
お前がそんなこというなんて珍しいなあ

じゃあ今度仕事場
来てみるか 霞ヶ関

え
いいの!?

ねえ聞いた

やっぱ田舎だな…

町長ポスター
あれはないな

なー

親の写真あちこちで見るの
わたしなら恥ずかしいわー

ねえ　サヤちん
あれ　おれ…私のことかな

あー　うん…

ふうん…

ガラガラッ
And so, Taki and I...
...kept switching places two or three times a week.
No!
I said that!?

こうして私と瀧くんは
週に2〜3度の入れ替わりを
繰り返しながら

やだー！

私 そんなこと
言ったの!?

気づけば ひとつきが
経とうとしていた…

Before, we knew it, almost a month had passed.
チュン
チチチ!!
は、
ふぁ.
ハクショイッ

あいつまだ
半袖着てるのかよ
風邪ひくぞ…

あいつに悪いか…

でかけるよー

早よ来ない！

お姉ちゃん ほんと
自分のおっぱい好きやな

おお

あれ

お姉ちゃん

なんで 制服 着とるん？

おばあちゃん

なんで うちのご神体は こんなに遠いの？

繭五郎のせいで わしにもわからん

誰だっけ…

なに言っとるの お姉ちゃん

おばあちゃん

三葉 四葉
ムスビって知っとるか？

土地の氏神（うじがみ）さまを 古い言葉で
ムスビって呼ぶんやさ

この言葉には
深ーい意味がある

糸をつなげることもムスビ
人を繋げることもムスビ
時間が流れることもムスビ

全部
神さまの力や

わしらの作る組紐も
せやから 神さまの技

時間の流れ　そのものを
あらわしとる

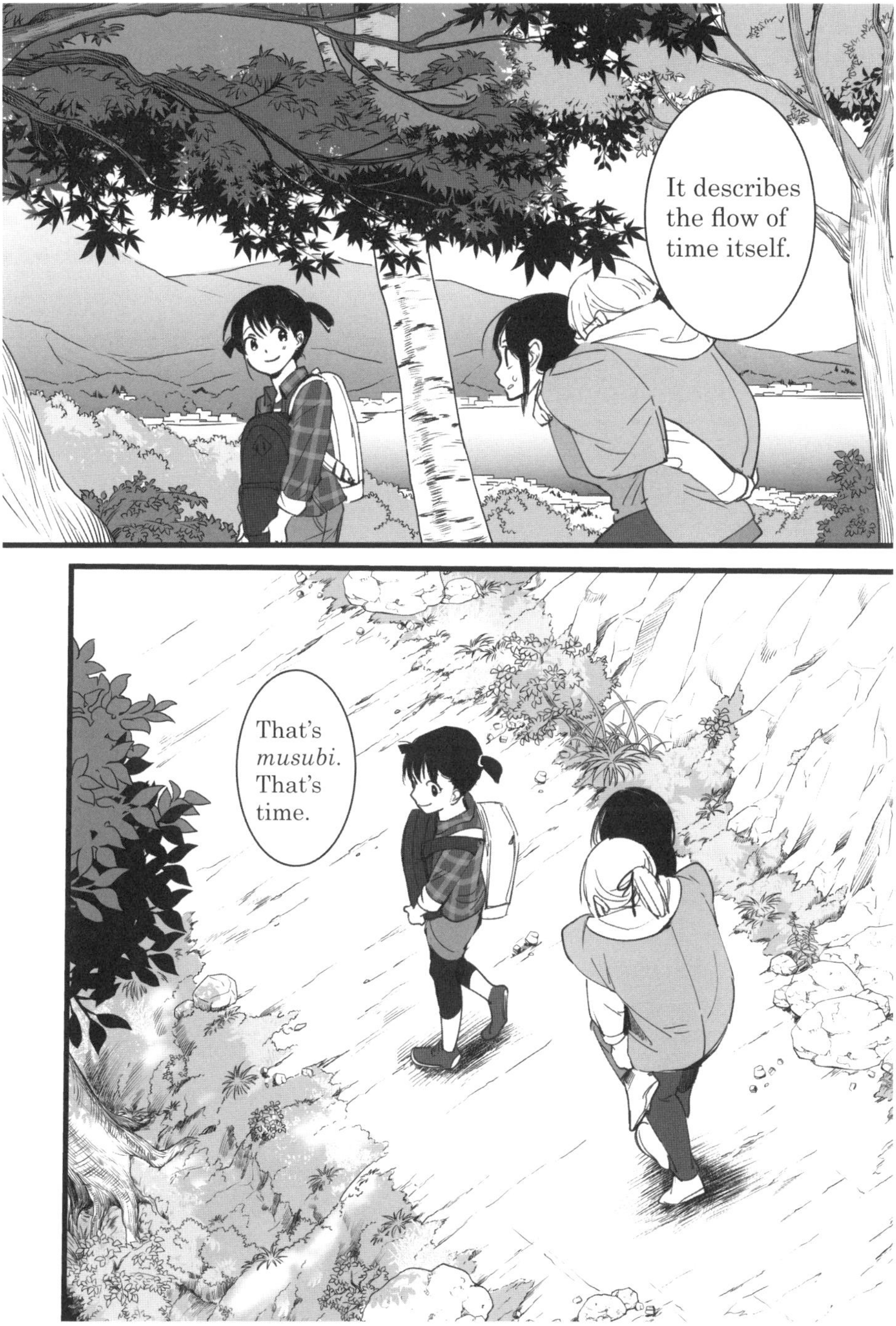
It describes the flow of time itself.
That's *musubi*. That's time.

それがムスビ
それが時間

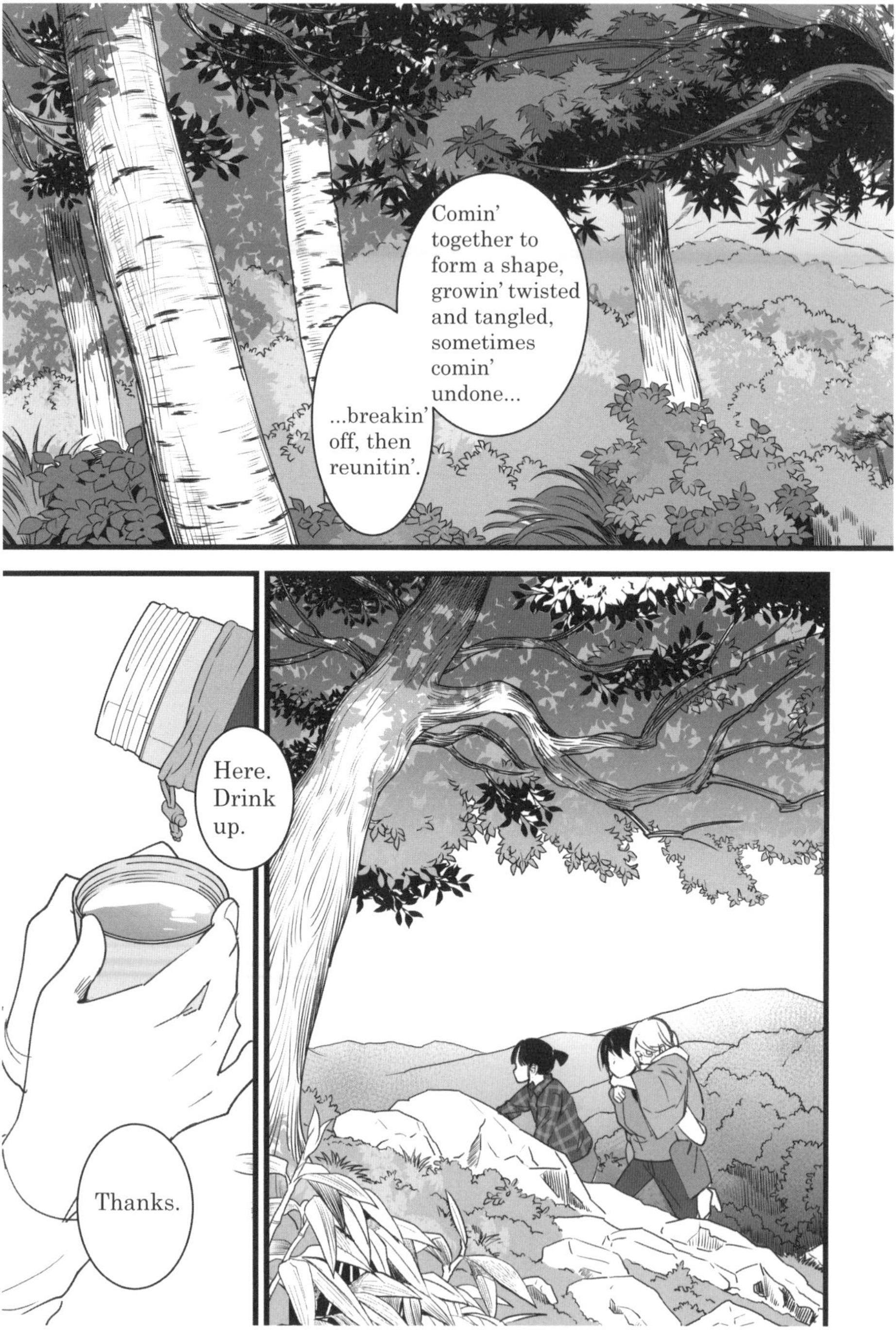
よりあつまって形を作り
捻れて絡まって　時には戻って
途切れ
またつながり
Comin' together to form a shape, growin' twisted and tangled, sometimes comin' undone...
...breakin' off, then reunitin'.
飲みない
Here. Drink up.
ありがとう
Thanks.

米でも酒でも水でも
人の体に入ったもんが
魂と結びつくことも　またムスビ　え…　それもムスビ　次わたしも

だから今日のご奉納は

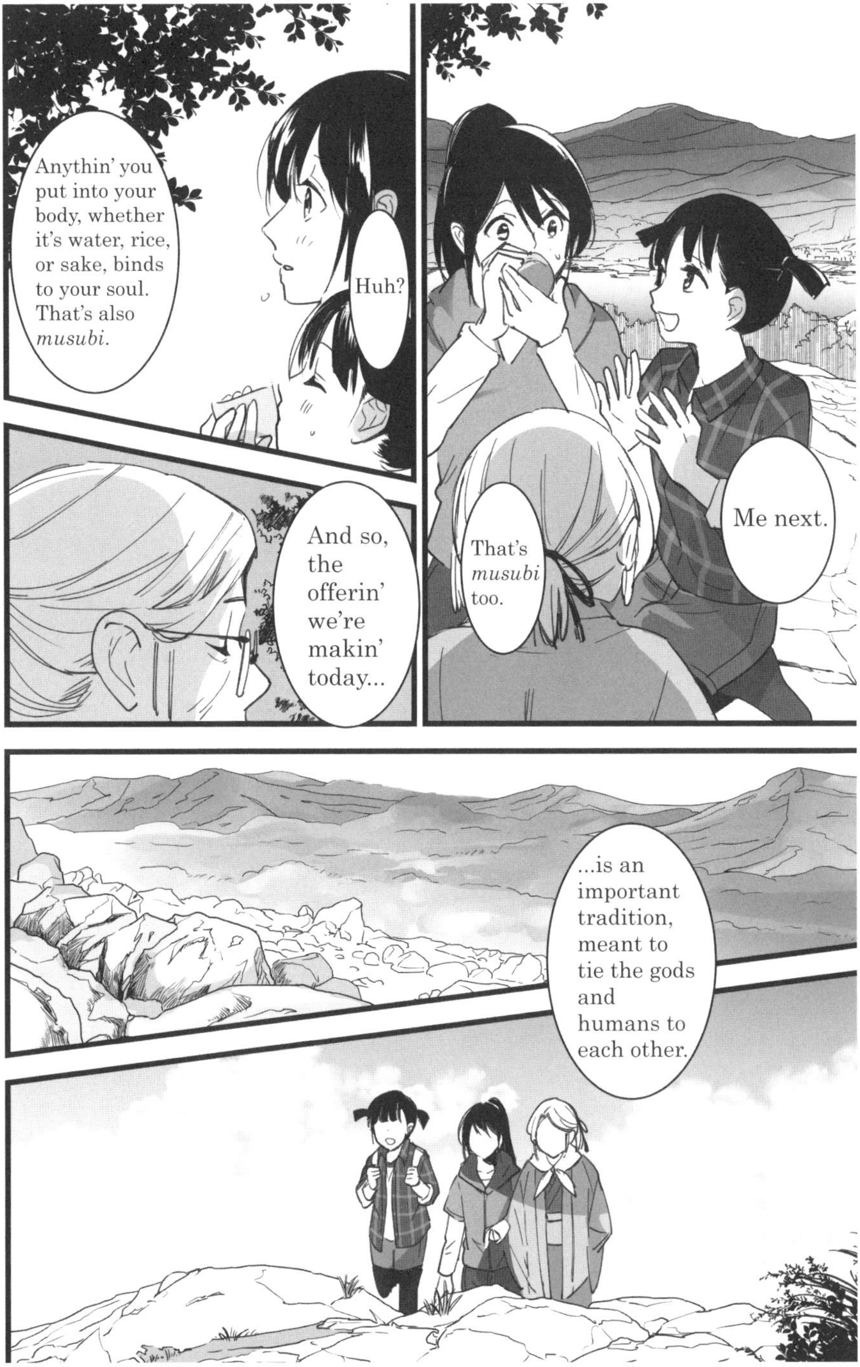

神さまと人間を繋ぐための
大切なしきたりなんやよ

見えたよ！　　あ

あれが…
宮水神社のご神体…

ここから先は
カクリヨ
かくりよ？
あの世の
ことやわ
わあ〜〜〜〜〜
あの世だー！

此岸に戻るには
あんたらの一等大切なもんを
引き換えにせにゃいかんよ

口噛み酒やさ

ご神体にお供え
するんやさ

それはあんたらの
半分やからなあ

Offer them to the god.
That sake is half of you, you see.

わー

もう かたわれ時やなあ

かたわれ時？

彗星 もう 見えるかなあ

あ そうや

彗星…？

おや

三葉 あんた…今

...you're
dreamin',
aren't you?

あれ

俺 何で泣いて…

もうすぐ着くよー
今日はよろしくね♥

お 奥寺先輩!? なんで…

で

デートぉ!?

は!? まさか…三葉…!?

明日は 奥寺先輩と
東京デート！

10月2日

駅前10時半
待ち合わせ

She'll be waiting in front of Yotsuya Station at 10:30.
...Or that's what I planned on anyway.

…のはずやったのになあ

瀧くん！

ごめん 待った？

い…

今きた とこっす

よかった！ じゃあ いこっか！

いいなあ

今頃 二人は一緒かあ

……あれ

わたし なんで…

Why am I...?
Mitsuha?

三葉…？

私が行きたいデートだけど
もし不本意にも瀧くんになっちゃったとしたら
ありがたく楽しんでくること！

I hope to get to go with her myself, but if I'm unlucky enough to swap back tomorrow, be grateful and enjoy it!
ガタン
ガタン
き 気まずい…
Th- this is really awkward …
……
?
?

あの 先輩
どんな映画がいいですか…

瀧くんが観たいやつ
どれでもいいよ!

え…どれでも
これなんかどうですかね…

し…失敗したあ…

とはいえ 君はデートなんて
したことないでしょうから

会話が 全然
続かねえ…

That said, I bet you've never been on a date before.
としたら
ありがたく楽しんでくること！
奥手な君を
助けるための
厳選リンク集
The conversation just keeps dying...
ゴン・・・
And so, below, I've put together a collection of handpicked links just for you, Mr. Late Bloomer!
Whoa! For real!?
If it were her...
コミュ障のワイが
Sh-she's totally making fun of me.
瀧くんのための
厳選リンク集
ダメなキミ
彼女が
できる！
...Hm?

だから以下 奥手な君を助けるための厳選リンク集

おお！ まじか！

…ん？

あいつなら…

ば…バカに
しやがって…

あいつの好きそうなものなら
なんとなくわかるんだけどな

美術館
入口⇨
六本木
...I'd kind of know what sort of things she likes, but...
写真展
郷愁
写真展
郷愁

あっ

Oh.
Taki-kun, you know...
I've seen that somewh—

瀧くんってさ

どこかで——…

なんだか今日は
別人みたいだね

せ 先輩…あの

夕飯 どっかで食べて帰りますか？
そしたらあの…

今日は
やめておこうか　うーん

ねえ 瀧くん

勘違いだったら 申し訳ないんだけど

前 私のこと ちょっと好きだったでしょ

でも今は

違う人のこと
好きでしょう?

...there's someone else you like, isn't there?
16:34
10月3日月曜日

16:36
20%
編集
ての連絡先
宮水三葉
みやみず みつは
携帯
その他
その他
その他
16:36
すべての連絡先
分の番号:
宮水三葉

勅使河原工務
Hey, Mitsuha. You picked up.
What happened today, huh?
Nah, if it's nothin', that's fine. Saya-chin was worried too.
Can you come out tonight?
Well, for the festival. That and...

お 三葉 出たか

どーしたんやさ今日

いや 何もないならいいんやけど
サヤちんも心配しとったし

今日 夜は
出てこれるんか？

お祭りやろ
それに…

彗星——
一番明るく見えるんやっけ　　そっか…

あんたさあ　三葉の浴衣期待しとるやろ
しとらんわ
…なんか　あいつ声暗かったよ
あんたの電話が嫌やったんやろ？
お前な

あ！ 三葉…　　お待たせ！

Huh?
Wh-what happened? Your hair...
...I guess it does look kinda funny, huh?
Think it was a guy?
Broken heart, maybe?
Boys always to straight to romance, don't you?
She said she just cut it 'cos she felt like it.
Oh! Look, look! You can see it!

え

ちょ どしたの その髪

…やっぱヘンかな

あ なあなあ 見えるよ！

…やっぱ
男関係なんかな

失恋とか？

男子って
すぐ恋愛に
結びつけるなあ

なんとなく
切ったって
言っとったに

瀧くん…

いま 瀧くんも

この同じ空を
一緒に見てるのかな

瀧くん

......
The number you have dialed is not...
The comet should be visible just about the time the date ends. I can’t wait for tomorrow. ♥
Diary
PHOTOS
CONTEXT
What does she mean, “comet”?
Well... never mind.
I’ll just tell her how this train wreck of a date went the next time we swap.

おかけになった電話は——

まあ…いっか

デートが終わる頃には
ちょうど彗星が見えるね
明日がたのしみ♥

彗星って
何の話だよ…

散々だったデートの結果は
次に入れ替わった時に話せばいい

そう思った

でも

なぜか
もう二度と

俺と三葉との
入れ替わりは
起こらなかった

That’s what I thought ...
... but...
...for some reason ...
... Mitsuha and I never swapped again.
第三話 終

end of third episode

君の名は。

your name.

01

end

continue to 02

本書は、2016年8月刊行の『君の名は。1』(MFコミックス　アライブシリーズ)を、北米版に英語翻訳された『your name. 01』(エン・プレス)の英文スクリプトを基に再編集したものです。編集にあたり英文スクリプトを一部変更しています。
* この物語はフィクションであり、実在の人物・団体名とは関係がございません。

バイリンガル版『君の名は。』で学ぶ

リアルな日常英会話

高校生の日常を瑞々しく描く『君の名は。』には、教科書に載っているようなかしこまった表現ではなく、高校生が日常的に使う自然な会話表現が数多く出てきます。ここではそんな表現にふれながら、リアルな日常英会話を学びましょう。

1 ツッコミの感嘆詞 Uh-oh 7ページ

Uh-oh, Saya-chin.
やばいぞ　サヤちん

日本語でいう「おいおい」「ちょっとちょっと」「おっとっと」のような感覚で、良くないことがあったときに、軽い驚きや落胆を表現するのに使います。感嘆詞ではあるものの、「本当に驚いたときについ出てしまう」というより、「私は驚いていますよ」とアピールする、ある種のわざとらしさがあるフレーズです。

2 カジュアルなbe動詞＋否定の ain't 7ページ

She ain't as bad as you.
あんたほどやないやろ

とてもカジュアルな略語です。もともとは〝なまり〟なのでキレイじゃない印象がありますが、そのほうが感情を表現しやすいとして、好んで使うネイティブもいます。どんな be 動詞＋ not も ain't にできますよ。

I am not → I ain't	They are not → They ain't
He is not → He ain't	It is not → It ain't
She is not → She ain't	

have/has not の省略にも使われますが、be 動詞＋ not の方が頻出ですね。とてもカジュアルなので、もちろんきちんとした場で使うのは NG です。仲のいい友達同士で、くだけた雰囲気を出したいときに使われます。

❸「誓って本当」の swear 25ページ

I swear,
あれは絶対

「誓う」という意味の swear ですが、口語的には「本当だって」「絶対そうだって」なんていう意味合いでよく使われます。「断言する」と説明する辞書もありますね。あれが近いです。

think よりも強い believe、それよりもさらに強い swear まで使って、絶対狐憑きだと言い切ってしまう、テッシーのオカルトマニアっぷり炸裂(さくれつ)です。

❹「考えてみたら」の come to think of it 25ページ

Come to think of it
そういや

日本語の「そういえば」は、この一言でいろいろなニュアンスをカバーできる便利ワードですが、英語だと多少の使い分けが必要になります。

by the way　：話変わるけど
speaking of which　：その話なんだけど
now I remember　：今思い出したんだけど
that reminds me　：それで思い出したんだけど
now that you mention it　：言われてみれば
come to think of it　：考えてみたら

この場面では、テッシーとサヤちんの発言を受けた三葉が、昨日を思い出そうと考えをめぐらせているわけです。

5 「馴染みがある」の familiar with 30ページ

You're familiar with "*tasogare-doki.*"
黄昏時ってわかるでしょう？

作中では「由来や語源は別として、聞いたことはあるしだいたいわかるでしょう？」といった感覚で使われていますね。日常的に、またビジネスシーンでも、「馴染みがある、見聞きしたことがある」という意味でよく使われます。

I'm not familiar with here.
この辺りはよく知らないんです

very や quite と一緒に使うと、「精通している」といった印象をより強くできます。

He's very familiar with marketing.
彼はマーケティングに精通している

Are you familiar with the word "familiar"?

6 田舎を表すスラング的慣用句 in the sticks 31ページ

'cos we're out in the sticks...
田舎やもんなあ…

「枝木」という意味の stick、これを the sticks とすると「田舎」になります。(out) in the sticks で、「枝木に囲まれた」というようなイメージです。

p47 の rural は urban（都市部）の対義語、p48 の the country も都会の反対側（counter side）として、p133 の boonies は 口語 boondocks（未開の地）の省略で、どれも田舎を表します。

countryside は、田園風景を思い浮かべるようなときや、country（国）との混同を避けるようなときに使われます。

7 肯定なのに No になる理由 35ページ

"You don't remember yesterday!?"（昨日のこと覚えとらんの !?）と言われ、"No." と答える三葉。これはとても簡単で、

> No, I don't (remember).
> 覚えてないの

の最初だけ抜き出した形です。付加疑問文と呼ばれる "You do ～ , don't you?" のようなものも同様で、相手の質問に関係なく、答えとして続く文が肯定なら yes、否定なら no とするだけで大丈夫ですよ。

> Yes (, I do など).
> No (, I don't など).

8 相手が知らなくても you know 35ページ

> Y'know,
> そういえば

ここでの "Y'know (you know)" には、直訳の「あなたは知っている」のような意味はなくて、会話の前フリ、conversation starter としての役目があります。これからの話題へ相手の注意を引くために使われていて、ここでは「なんかね」のようなニュアンスがありますね。

文章構築では、〝同じ表現を避ける〟ことが重視されます。「そういえば」は「考えてみれば」という意味をもった発言ですが、p25 で登場済みの "come to think of it" と重複しないよう、こう訳してあるわけです。

9 口のスラング pie hole 36ページ

shut your pie hole.
あんたはだまっとって

pie hole は「パイを入れる穴」ということで、口を意味するので、

Shut your mouth.
黙ってろ

と同じ意味になります。もともとイギリススラングだったものが、アメリカでも使われるようになりました。cake hole という言い方もあります。

10 スナックを英語で？ 37ページ

It's got two sketchy "snack bars," though.
そのくせスナックは２軒

日本でいうスナック、席料を徴収されて女性と会話を楽しみながらお酒を飲むタイプのお店がないので、sketchy "snack bars" となっています。sketchy は「スケッチのような」「大雑把な」から派生して、「胡散臭い」「怪しい」というような意味合いで使われます。わざわざダブルクォート（引用符）で snack bars を囲むのは、「軽食堂」と名のっているもののその実態は怪しい、という皮肉めいた強調を込めています。

実際の日本のスナックを単語だけで表現するのは難しいので、ある程度の説明は必要になりますね。

11 いってきます、いってらっしゃい 60ページ

See you later. ／ H- have a nice day!
じゃあな　　い いってらっしゃい！

日本語のあいさつは、状況別に細やかに用意された言葉であって、英語にそのまま直訳できる単語がないことがほとんどです。では英語ではどう伝えているのかというと、

See you later.　：またあとで	Have a nice day.　：いい日を
I'm leaving.　：出発するよ	Take care.　：（道中）気をつけて

なんていう言葉で代用してるわけです（もちろん、本人たちは代用してる気なんてありませんが）。国民性というか、「そこまで細かくなくていいよね」という感覚が表れていますね。

12 dad と daddy 61ページ

Was that his dad?
さっきの　お父さん…かな？

個人差はあるものの、子から親への呼びかけは、10 歳ごろには daddy は dad に、mommy は mom に変わります。daddy と mommy は、少し甘えている印象ですね。女性は大人になっても、おねだりするときなどこっちを使ったりもします。語尾に y をつけるのはあだ名にも多いですが、柔らかい印象があるんです。

Michael（本名）→ Mike（あだ名）→ Mikey（柔らかいあだ名）
Emma（本名）→ Em（あだ名）→ Emmy（柔らかいあだ名）

友達や両親は Mike と呼ぶけど、姪っ子は Mikey って呼んでくる、みたいなイメージでしょうか。

ちなみに、p132 で三葉が瀧の父親を daddy と呼ぶところからは、親密な父娘関係への憧れが感じられます。

⑬ ツッコミの C'mon, man! 68ページ

C'mon, man!
お前なあ～

come on の略語 c'mon と、良いこと悪いこと両方に対する驚きの表現として親しい相手に使う man で、〝仲のいい相手へのツッコミ〟になります。

come on はそのままの意味「来て」以外にも、「しっかりしろ」「頼むよ」「おいおい」みたいに、「（こちらの望みに）歩み寄って」というニュアンスにも使えるんです。ここでは「通学ぐらい迷わずしてくれよ」ってことですね。作中、ほかにもたくさん出てきますが、略せば略すほど、くだけた親しい印象になります。

⑭ 突然瀧に成り代わった三葉のとまどい 69ページ

'Scuse me ／ pardon me ／ sorry ／ Whatever
私　わたくし　僕　俺

三葉が〝瀧としての自分〟（の呼び方）を確立していくこの過程を、現代の日常英語でどう訳していくか。ここでは、「どうやったら通学路で道に迷えんだよ」という高木の言葉にどう返すかを工夫します。英語版に日本語訳をつけると、「すまない（Excuse me を略したくだけた表現）」「すみません」「ごめん」「なんだっていいじゃん（ほっとけ）」といった感じです。ミスっていったん丁寧なほうに振ってしまうあたりに、友人との関係性を把握できていない三葉の戸惑いが見えます。

日本語には、関係性や状況をふまえて呼び方や言葉遣いを使い分ける、言語としての細やかさがあります。一方英語には、そういった気遣いはほかで補うことにして、呼び方を含めた言語は単なる伝達手段と見なそうという、実用的な発想が表れていますね。あ、もちろん英語にも、Your Majesty（陛下）など、基本的な人称以外の呼び方がまったくないわけではありませんよ。

15 報われない恋 unrequited crush 90ページ

An unrequited crush, maybe?
片想い…かな？

「requite＝報いる」に否定を意味する un と、受け身を意味する ed がつくことで「報われない」

＋

スラングの crush＝心押しつぶされるほどの想い＝恋

このふたつを合わせて「報われない恋＝片想い」になります。

have a crush on ～ で「～に首ったけ」、my crush で「私の大好きな人」という使い方もできますよ。

16 女子力を表す feminine 100ページ

All because I'm in touch with my feminine side.
わたしの女子力のおかげ

文頭の省略を補うと"It's all because I'm in touch with my feminine side."で、直訳は「私が自分の女性的一面にふれているおかげ」。

最近の日本語スラング「女子力」に相当する英語は、「女性的な」「女性らしい」を意味する feminine です。日本では洋服でよく使われてますね。また、be in touch with ～ には「～と連絡を取る」という意味もあります。

ちなみに、「女子力」をそのまま英語にした girl power は、feminine とは対照的に、社会の中で自立して生き抜くタフさ、見た目にとどまらない美しさ、賢明な判断のできる知性、逆境に立ち向かい乗り越える勇気と力強さを兼ね備えた、「強い女性」や「そんな女性たちの団結」を意味します。

17 「行かね？」の want to hit 101ページ

Want to hit another cafe today?
なあ　今日もカフェ行く？

"Do you want to hit another cafe today?" の略された表現です。

want to ～ は「～したい？」だけでなく、「～しない？」「～してくれる？」みたいな意味でも使える便利な口語的表現です。

単に誘ったりお願いしたりする表現なので、言われたときに「偉そうだな」なんて感じる必要はありませんよ。

hit はここでは go to と同じ。なので go to another cafe ですね。another は an other から生まれた単語で、「もうひとつ別の」という意味です。ここでは「この間とは別の」ということになります。

18 距離以外の far 102ページ

How far did you get with Okudera-san yesterday, huh!?
昨日奥寺さんとどこまでいったんだ　教えろ！

日本語と同じで、ここではどれだけ遠出したかを聞いているわけじゃありません。どれだけ仲が進展したか、抜け駆けの成果を吐けと言っているのです。

ほかにも、次のような使い方がありますよ。

You've come this far.　：ここまで頑張ったじゃん
You've gone too far.　：やりすぎだよ

19 くだけた「まじで」の for real 102ページ

Th- that was for real?
ま　まじなの？

「あれは現実だったの？」であるなら "That was real?" と、for が要らないですよね。信じられないときに使う言葉はたくさんありますが、これはその中でもカジュアルな、若者言葉に分類されるくだけた表現です。ほかにも次のように、気持ちやノリでいろいろ使い分けができます。

Really?　：本当？
Seriously?　：真面目に？
Are you sure?　：確かなの？
Do you swear?　：言い切れんの？
For real?　：まじで？
Do you mean it?　：本気？

20「この間」を表す the other day 125ページ

I had a tart at this cafe the other day.
こないだ　このカフェでタルトたべちゃった

the other day は口語でよく使われる、「この間」を意味する決まり文句です。今日ではない、いつか別の日、ということですね。

こと他言語になると、つい定義を求めて「どれぐらい前までなら使っていいのだろうか」なんて考えてしまうかもしれないですけど、日本語の「こないだ」と同じ感覚で、自分の好きな時点まで遡(さかのぼ)って大丈夫ですよ。もしくわしく言いたいなら、few months ago のように、もう少し具体的に言えばいいだけですから。

21「信じられない」の no way 125ページ

No way!
うそ〜〜！

no way は直訳「道がない」のとおり、いろいろなことが「ない」という意味で使えるんです。

「ウソだろ（本当のはずがない）」「やめて（いいはずがない）」「違う（そうなわけがない）」「まさか（ありえない）」「すごい（信じられない）」などなど。

ただ、なにかを褒（ほ）めるときは、「ウソだろ」という意味だと誤解されないようにしたいですね。この場面の瀧（三葉）のように、no way のあとに感動を表す言葉を足すと、「凄い」という意味だと伝わりやすいですよ。

22 一般論の you 131ページ

You can't choose your folks.
親は選べん…

テッシー、自分の父親への反抗心の話なのに、I ではなく you と切り出してますね。英語では、聞き手に今直接は関係のない事柄でも、誰もが皆そうであるような一般論であれば、主語が you になります。

You have to be on your knees in front of the Shogun.
将軍の前ではひざまずかなければならない

folks は作中のように、「家族」（特に両親を示す）という意味で使われます。また、people と同じ意味や、口語で「みんな」という呼びかけとして用いられることもあります。

23 なげやりな返答 How should I know?

131ページ

He'll just say, "How should I know?"
しるかって言われるに決まっとるもん

疑問文の形をしていますが、これは質問返しではなくて、「どうやって知る？」→「知るわけない」と、反語的な意味合いをもって使われる表現です。

Who knows?　：誰が知ってる？ → 誰も知らない → さあ？
Who cares?　：誰が気にする？ → 誰も気にしない → どうでもよくね？

などもあって、通常の肯定文よりも「知らない」ことなどを強調したり、なげやりさを表現する働きがあります。

24「～のおかげ」の thanks to ～

138ページ

Thanks to Mayugorou-san,
繭五郎のせいで

原因を示す言い回しは because of ～ などもありますが、ここでは thanks to ～ が使われていますね。

本来はそのままの意味で、感謝を込めてポジティブな使い方がされるフレーズなんですが、日本語と同じように、こういう皮肉めいた使い方もできます。

おばあちゃんも、先代に初めて連れて来られたときから「なんでこんな遠いの」と思っていたんでしょうね。

バイリンガル版　君の名は。１

2018年３月24日　初版発行
2020年10月25日　８版発行

原作／新海 誠

漫画／琴音 らんまる

英語翻訳／Taylor Engel

英文解説／kazuma

発行者／青柳 昌行

発行／株式会社KADOKAWA
〒102-8177　東京都千代田区富士見2-13-3
電話　0570-002-301（ナビダイヤル）

印刷所／図書印刷株式会社

DTP／ユニバーサル・パブリシング株式会社

●お問い合わせ
https://www.kadokawa.co.jp/（「お問い合わせ」へお進みください）
※内容によっては、お答えできない場合があります。
※サポートは日本国内のみとさせていただきます。
※Japanese text only

定価はカバーに表示してあります。

Printed in Japan
ISBN 978-4-04-602277-6　C0082